MARIA DE JESUS
PENSAMENTOS PARA CADA DIA DO ANO

Coleção **COM MARIA**

- *Exaltação a Maria Santíssima: reflexões sobre a Salve Rainha*, Gemma Scardini
- *Maria de Jesus: sua vida e missão*, José Dias Goulart
- *Maria de Jesus: pensamentos para cada dia do ano*, José Dias Goulart

JOSÉ DIAS GOULART

MARIA DE JESUS
Pensamentos para cada dia do ano

PAULUS

Editoração, impressão e acabamento
PAULUS

Ilustrações
CÍCERO SOARES DA SILVA

1ª edição, 2017

© PAULUS – 2017

Rua Francisco Cruz, 229 • 04117-091 – São Paulo (Brasil)
Tel.: (11) 5087-3700 • Fax: (11) 5579-3627
paulus.com.br • editorial@paulus.com.br

ISBN 978-85-349-4487-8

MARIA.
*Sua simplicidade sem igual,
tão próxima de todos e todas nós,
que tanto a exalta e tanto nos ajuda,
nos faz exclamar com a Palavra sagrada:*

*"Quem é esta Mulher que desponta como Aurora,
linda como a Lua, fulgurante como o Sol?"* (Ct 6,10)

*"Apareceu no céu um sinal grandioso:
A Mulher envolvida na luz do sol,
tendo a lua sob os pés
e na cabeça uma coroa de doze estrelas".* (Ap 12,1)

Faz 300 anos. Pescadores lançam as redes a noite toda no rio Paraíba, sem um peixe sequer. Com o último lance, cai na rede apenas o corpo de pequenina Imagem Negrinha. Renasce a esperança. Mais uma tentativa, e vem à tona a minúscula Cabeça que se encaixa perfeita na santa Imagem. Ótimo sinal. Segue uma pesca generosa. Surge modesto oratório da Virgem da Conceição. Vão crescendo as multidões ao longo de três séculos. Em veneração confiante à Virgem Mãe Aparecida.

Citações da Bíblia ou Sagrada Escritura:
– *Antigo Testamento:* Gênesis (Gn). Êxodo (Ex). Ester (Est). Salmos (Sl). Cântico dos Cânticos (Ct). Sabedoria (Sb). Eclesiástico (Eclo). Isaías (Is). Oseias (Os). Ageu (Ag).
– *Novo Testamento:* Mateus (Mt). Marcos (Mc). Lucas (Lc). João (Jo). Atos dos Apóstolos (At). 1ª. Carta aos Coríntios (1Cor). 2ª. Carta aos Coríntios (2Cor). Carta aos Gálatas (Gl). Carta aos Filipenses (Fl). 2ª. Carta a Timóteo (2Tm). Carta aos Hebreus (Hb). 1ª. Carta de Pedro (1Pd). 2ª. Carta de Pedro (2Pd). Apocalipse (Ap).
– "Concílio" = Vaticano II.

INTRODUÇÃO

Nove meses antes do Ano 1 da Nova História,
o Eterno Filho-Palavra diz ao Divino Pai Eterno:
"Sim, Pai. Eis que eu venho para fazer a vossa vontade" (Hb 10,9).
E em nossa Terra, a santa Mulher,
movida pelo eterno Espírito do Pai e do Filho,
responde livre e obediente:
"Sim, Pai. Faça-se em vossa serva a vossa Palavra" (Lc 1,38).
Imediatamente a Serva de Deus se torna sua Mãe.
Eis que o mistério nela em ação
lhe move os passos em visita solidária.
E em nome de todas as criaturas,
ela proclama louvor e gratidão:

* * *

INTRODUÇÃO

CÂNTICO DE MARIA

"Magníficat! Minh'alma exalta o Senhor.
Meu espírito exulta em Deus meu Salvador.
Porque olhou para a pequenez de sua serva.
Eis que de agora em diante
todas as gerações me proclamarão a Mulher feliz,
pois o Todo-Poderoso fez maravilhas em mim.
Seu Nome é Santo.
Sua misericórdia perdura de geração em geração,
em favor de todos os que o temem.
Ele agiu com a força do seu braço.
Dispersou os arrogantes de coração.
Derrubou do trono os poderosos
e exaltou os humildes.
Encheu de bens os famintos
e despediu sem nada os ricos.
Socorreu seu servo Israel,
lembrando sua eterna misericórdia,
como tinha prometido a nossos Pais,
em favor de Abraão
e sua descendência para sempre".

(Lc 1,46-55).

JANEIRO

Dia 1º – Dia da Mãe de Deus, da Comunicação e da Paz.

– *Maria, Mãe de Deus*

O Infinito afirma: "Eu Sou Aquele que É". "Eu Sou" o Ser incompreensível que envolve os universos todos, tão minúsculos diante de mim. (Ex 3,14; Jo 8,58).

Ele mesmo se torna o Pequenino, sem deixar de ser o Onipotente. E agora Criança no seio da Mulher bendita. O nome dela é Maria. E seu Filho é Jesus, o Pequenino Todo-Poderoso, que reverente lhe diz: Mãe. Minha Mãe.

* * *

Em cada óvulo materno tão pequenino, existe a vida humana total. E em Maria, a luz do Espírito de Deus realiza o mistério dos mistérios: a Pessoa única do Filho eterno não se une a uma pessoa já concebida. Simplesmente assume a nossa natureza no óvulo de Maria, para ele mesmo viver a nossa história tão humilde.

* * *

O Menino, Deus Humano, Pessoa única, indivisível, é o Filho eterno do Pai das Luzes, agora Filho também da Virgem Imaculada. O Filho de Deus se faz Filho de Maria. O Criador se torna Filho de sua Criatura. O nome dele, já podemos dizer, é Jesus de Maria. E o dela, Maria de Jesus.

* * *

Apresentando ao mundo o Filho seu, o Infinito, agora Pequenino, gerado da Mulher tão esperada, o Pai diz:

– "Todos os anjos o adorem!" Ele é o meu Filho (Hb 1,6). E Maria, a expressão materna do meu amor sem fim.

– Comunicação eterna
Deus é Único, Uno-indivisível. Mas não é Incomunicação. Ele é a infinita, absoluta, eterna Comunicação. Ele é Pai que concebe em si o seu Pensamento-Filho. E entre Pai e Filho, o Espírito de Amor. – Pai-Filho-Espírito: por serem as três Pessoas o Deus Único e Uno, é Única e Una a infinita Comunicação de amor, vida e adoração.

– Comunicação de Deus no universo
Nas ondas gravitacionais da harmonia
universal.
Nas ondas de ventos, areias, ares e mares.
Nas ondas sempre novas da tecnologia.
Nas ondas enfim da Comunicação...
eu me sinto elo minúsculo da corrente cósmica,
ouvindo e ecoando a música das estrelas.
E adorando a Comunicação infinita da Trindade
– Pai, Filho, Espírito de Amor –
eu me encanto diante de Maria, nossa Irmã,
elevada pela mesma Trindade a ser
a Mãe do eterno Filho Comunicador.

— *Sonho de Paz*
Jesus é a nossa Paz.
Ele traz a tranquilidade da ordem universal
ao nosso mundo terreno tão pequeno.
Ele faz de todos nós, em seu seguimento,
portadores da harmonia pacificadora,
sob a luz e guia de sua santa Mãe Maria,
a Rainha da Paz.
"Glória a Jesus no mais alto dos céus!
Paz na terra a todos nós!" (Lc 2,14).

Dia 2. Se os olhos são a janela da alma, o primeiro olhar do Deus Humano se fixou na alma de sua santa Mãe.

3. O primeiro olhar humano de Deus fixou-se nos olhos de Maria. Jesus, o Fulgor eterno do Pai das Luzes, quis por primeiro refletir-se no olhar de uma Mulher.

4. Tão simples e humilde, Maria nos anima a confiar na bondade do Senhor Jesus.

5. A intercessão de Maria é garantida pelos méritos, querer e poder do seu Filho Jesus Cristo, Deus-Humano, Mediador que faz a ponte entre o Criador e as criaturas.

6. Mais que em todas as outras criaturas, em Maria se reflete a imagem de Jesus.

7. A vida divina de Jesus é infinita. Sua vida humana é limitada, mas tem alcance tão sublime, que só mesmo ele pode medir. E ninguém de nós é capaz de sentir o Deus-Humano Jesus na medida em que o sentiu sua santa Mãe.

8. Maria é modelo e exemplo para todas as idades: Criança cândida e simples. Adolescente feliz e aplicada. Jovem cheia de esperança e entusiasmo. Mulher responsável e corajosa. Esposa, companheira dedicada. Mãe, olhos fixos no Filho Jesus. Viúva seguidora do Filho santo até o sacrifício final.

9. Mulher feliz, porque firme na fé, em meio às incertezas. Sempre Maria, na dor e na alegria.

10. Mulher simples. Livre e Profeta da Libertação. Maria eleva a condição feminina, para que assuma seus direitos lado a lado com os homens, seus irmãos de caminhada.

11. Mãe educadora, que aprende enquanto ensina. Professora do seu Mestre Jesus.

12. A Mãe de Jesus agradece os dons, sem nunca se exaltar. Feliz por ser pequena.

13. Em Maria, sentimos a bondade imensa do Criador nos braços de sua Criatura.

14. Todos podemos interceder uns pelos outros diante de Deus. Mais que todos, a Mãe de Jesus, que o preparou para o sacrifício redentor.

15. Maria merece a nossa confiança. Porque seu Filho Jesus, a pedido dela, nos concede a graça que ele próprio para todos mereceu.

16. Humilde e pequena, a Virgem Mãe de Jesus se apresenta sempre como Companheira de caminhada, Mãe Intercessora que pede a ele em favor de todos.

17. Para as Igrejas evangélicas, Maria é exemplo de fé e oração.

18. O "Catecismo" de Lutero afirma que "Maria faz parte do Evangelho".

19. Para nossos irmãos evangélicos, a Igreja de Jesus se realiza de maneira toda exemplar na Virgem Mãe Maria.

20. Com Maria aprendemos o sentido da vida. Para enfrentarmos a realidade, sem perder o otimismo.

21. Assim diz o poeta filósofo Novális: "Eu te vejo, Maria, em mil imagens. Nenhuma, porém, te apresenta como eu te vejo em minha alma".

22. Em Maria, temos o perfeito modelo do verdadeiro amor a Jesus.

23. Maria é a página mais simples e mais viva do Evangelho de Jesus.

24. Ver Maria, toda apressada para ajudar a idosa Isabel, faz a gente sentir que vale a pena ter bom coração.

25. Maria é modelo perfeito no caminho natural de viver na bondade.

26. Maria é especial, porque simples e humilde.

27. O "sim" pronto e sincero de Maria traz ao mundo o Salvador.

28. Quem mais devotado a Maria, do que o seu Filho Jesus?

29. O espinheiro, que ardia sem se consumir diante do profeta e guia Moisés, é símbolo bíblico da Virgem Mãe de Deus.

30. O culto a Maria nasce da fé em Jesus e a ele nos conduz.

31. Os líderes da Reforma Protestante – Lutero, Calvino, Zwínglio – afirmam, com os Evangelhos, que a sempre-virgem Maria é verdadeiramente Mãe de Deus.

FEVEREIRO

Dia 1º.
Maria, pelo Pai escolhida como a "Candelária",
é para todos e todas a Portadora de Jesus.
Ele que é o Esplendor do Pai das Luzes.
Aquele que ilumina todos os que vêm a este mundo
e aos anjos todos do céu.

Dia 2.
O nosso ser, tão obscuro a nossos próprios olhos,
reflete, no Espaço e no Tempo,
a Eternidade de Deus:
Vida sem limites, sem início e sem fim.
É Jesus a Vida divina,
tornada humana em Maria.

Dia 3.
Mistério sublime!
Nossa vida eterna começa
quando o Filho de Deus se torna Humano,
"o Emanuel Deus-conosco" (Mt 1,23),
no óvulo santo de Maria,
por ele antecipadamente santificada
ao ser concebida.

4. Todo cristão reconhece: Honrar a Mãe do Senhor Jesus é levar a sério o mistério da Encarnação de Deus.

5. Totalmente consagrada a Jesus, sua santa Mãe é o modelo ideal e a vivência prática da nova comunidade que ele iniciou no lar de Nazaré. Em Maria, portanto, se reconhece a Igreja de Jesus.

6. Ao ser concebida, Maria foi redimida pelos futuros merecimentos de Jesus. Assim ele preparou nela a sua Tenda humana mais querida.

7. Maria é nossa Irmã na Igreja de Jesus. E ao mesmo tempo é nossa Mãe, porque o Senhor Jesus assim o quis.

8. O sim de Maria é totalmente livre. É a sua liberdade que a impele a acolher o projeto de Deus.

9. O universo aguardava ansioso pela livre resposta positiva de Maria ao projeto divino da Redenção.

10. A graça benfazeja de Deus impulsiona a Virgem Maria a dizer, com total liberdade, o seu sim ao projeto eterno da Encarnação de Jesus.

11. Maria é a verdadeira Arca da Aliança, que guarda em si, para todos nós, não o maná simbólico do deserto, mas o próprio Jesus, autêntico Pão da Vida.

12. A exemplo de Maria, cada pessoa humana se torna autêntica, ao encontrar-se com Deus e com o próximo.

13. Mais brilhante que a aurora boreal, Maria trouxe o Sol da justiça, Jesus nosso Deus. Ela nos anima a buscar Jesus. Porque é ele quem garante para todos a vida eterna.

14. Maria, Estrela do Mar, mostra o rumo que nos leva a Jesus, em meio às ondas nem sempre calmas no mar da vida.

15. Não pedimos sinais e milagres. Com eles ou sem eles, cremos na palavra de Deus, à imitação de Maria, "a Mulher que tem fé". (Lc 1,45).

16. Em Maria, Deus desce ao nosso nível tão pequeno. E nela mesma, ele nos encaminha para as alturas da ressurreição.

17. "Servir é reinar. Porque reinar é servir". Tal há de ser sempre o lema da Igreja de Jesus. Igreja que ele, no altar da Cruz, confia à sua santa Rainha-Mãe.

18. O Evangelho de Jesus nos garante que Maria "meditava no coração". Quer dizer: sentia realmente o que ouvia. E respondia, vivendo com fé. (Lc 2,19.51).

19. O Magníficat é, em Maria e na Comunidade, a nossa resposta agradecida ao nosso Deus Salvador.

20. Maria viveu "repleta da graça de Deus". Não só para si. Mas para a missão que Deus lhe reservou. (Lc 1,28).

21. A exemplo de Maria, toda mulher é mulher de verdade quando assume sua missão feminina de buscar um novo mundo bem mais humano.

22. O Alcorão, livro sagrado muçulmano, afirma que Maria é sempre-virgem ao conceber e ao dar à luz o profeta Jesus.

23. As imagens de Maria são como retratos da Ternura de Deus.

24. A Igreja Católica Oriental e a Ortodoxa mantêm sempre viva a Tradição Apostólica, que nunca separa Jesus de Maria.

25. Os bispos da Igreja Oriental levam no peito a Cruz de Cristo, lado a lado com a Medalha da Virgem Maria.

26. O famoso hino oriental Akatistos, do oitavo século, canta louvores à intercessão da Virgem a favor do povo oprimido. No Akatistos se inspiram o nosso Salve Estrela do Mar, a Salve Rainha e a Ladainha de Nossa Senhora.

27. No Cristianismo Oriental, as igrejas dedicadas à Virgem, sob o título de Sofia ou Sabedoria, exaltam nela o seu Filho Jesus, o Lógos ou Sabedoria eterna.

28. Os 150 Salmos bíblicos são lembrados no Rosário com suas 150 Ave Marias, a cada dezena unidas pelo Pai Nosso, a "Oração do Senhor Jesus". Rosário: longa oração acompanhada com a meditação dos 15 "mistérios" ou episódios da Vida de Jesus e Maria, em três fases: mistérios de alegria, de dor e de glória. Hoje, como acréscimo, os 5 mistérios de luz.

29. A melhor maneira de honrar a Mãe de Jesus é imitar sua inocência, simplicidade e fé.

MARÇO

25 de março. Anunciação:
momento da Encarnação de Deus.
A festa foi instituída pelo ano 550,
para lembrar a concepção virginal de Jesus,
exatamente nove meses antes do Natal.

Primeira semana da gravidez de Maria:
Arca da Aliança e Templo de Deus-Humano,
Maria carrega no seio o Pequenino
que o universo não pode conter.

Dia 1º. "SIM, PAI".

"Quando chegou a plenitude dos tempos" (Gl 4,4),
cessa por instantes a exultação
dos milhões e milhões de seres superiores,
lá onde não existe tempo...
E enquanto tudo é silêncio,
o mais alto dos servidores,
mais veloz que o pensamento,
desce Gabriel ao nosso mundo tão pequeno.
Inclina-se reverente diante da jovem Maria,
humilde, pequenina,
"encantadora Aurora que desponta", (Ct 6,10)
anunciando o Sol Jesus que tudo e todos ilumina.

* * *

Maria sonha, e pede, e ora com o salmo,
esperançosa:
"Quando será que vem o Libertador?
Em seus dias florescerá a justiça,
e será copiosa a paz
até o fim dos tempos". (Sl 72/71,7).

* * *

Eis que ressoa a saudação do Altíssimo:
"Alegre-se, ó Cheia da minha Graça!" (Lc 1,28).
Nem imagina a santa Menina
o que nela está para acontecer,
ao ouvir o Criador lhe dizer no coração
o que Gabriel lhe anuncia reverente:
– "Maria, você vai ser a Mãe dele,
   pelo poder do Espírito Santo".
– "Eu, Mãe?! O que Deus quer que eu faça?" (Lc 1,34).

MAR

MAR

No instante onde não existe tempo,
no universo que não ocupa espaço,
o Eterno diz ao Eterno:
— *"Sim, Pai.*
 Tu me dás um corpo para eu te oferecer.
 Sim. Eis que eu venho, ó Deus,
 para fazer a tua vontade". (Hb 10,5-7).

* * *

É chegada a plenitude dos tempos.
E a voz da Palavra eterna
ressoa nos lábios santos de Maria:
— *"Sim, Pai!*
 Faça-se em mim a tua Palavra". (Lc 1,38).

"E o Filho, Palavra do Pai, se fez Carne,
e habitou entre nós".
Agora "nascido da Mulher Maria",
ele vem viver a nossa História. (Jo 1,14; Gl 4,4).

* * *

"Enquanto profundo silêncio envolve o universo,
e a noite faz o seu caminho,
a tua Palavra onipotente desce do alto"
e torna-se Humana em Maria. (Sb 18,14-15).

* * *

Tudo tão rápido. Mais que o pensamento.
E enquanto rápida chega às colinas
a santa Menina,
levando na alma e no seio o Filho de Deus,
outra mãe exultante, Isabel proclama:
"Bendita sois, ó Mãe do meu Senhor!
 Sois a Mulher que tem fé". (Lc 1,42-45).

***

E a Virgem Mãe repete o cântico do céu:
"Só ele é o Santo!
Ele cumpre o que promete.
Doravante todas as gerações
hão de me proclamar a Mulher Feliz,
porque o Santo fez maravilhas em mim!" (Lc 1,46-49).

Dia 2. MÃE SEMPRE VIRGEM

Assim garante o Altíssimo na voz de Isaías:
"O Senhor Deus dará a vocês o grande sinal,
mais profundo que o mais profundo abismo,
mais alto que o mais alto dos céus:
Eis que a virgem vai dar à luz"
o nosso Messias, o Deus-conosco Jesus. (Is 7,10-14).

***

Aquele que os universos não podem conter
se fecha no ventre sempre-virgem de Maria.
O Pai de imensa majestade,
no poder do seu Espírito,
pronuncia a sua Palavra-Filho
no óvulo imaculado da Virgem,
célula inicial do novo Universo,
projeto eterno do Reino de Deus.

***

Mistério da fé! Em Maria:
O Infinito se faz também Mortal.
A Eternidade se faz também Tempo.

***

MAR

Todo o ser de Maria,
físico e espiritual, íntegro e integral,
o Senhor Deus o destinara à realização
do augusto mistério da Encarnação.
E nela, "o Verbo se faz Carne" (Jo 1,14).
O Filho de Deus se torna
Filho também da Virgem Maria.

* * *

– A transfiguração do Senhor Jesus,
"no alto da montanha santa",
apresenta glorioso seu Corpo mortal,
antes mesmo de sua gloriosa ressurreição. (2Pd 1,17-18).

* * *

– Não é símbolo, é fato real, a Ceia derradeira
"na noite em que Jesus foi entregue":
Pão e Vinho por ele pessoalmente consagrados
– mistério da fé! –
tornam-se seu Corpo e Sangue já na glória,
três dias antes da glorificação. (1Cor 11,23-25).

* * *

– Em plena glória enfim ressuscitado,
o Corpo de Jesus deixa o sepulcro
antes que os anjos removam a porta de pedra.
E pouco depois entra no Cenáculo
através da porta, sem abri-la.

* * *

Aí buscando novas "razões da nossa fé",
ousaríamos até mesmo interrogar:
Deixaria de ser humano perfeito o Filho de Deus,
por conservar intacta sua Mãe sempre-virgem,
ao nascer dela com vida plenamente humana?
Não estaria ela talvez mantendo
o possível desejo e voto
nela inspirados pelo seu próprio Filho? (1Pd 3,15).

* * *

Ele é Humano, sem deixar de ser Deus.
E espaços e tempos não limitam o Eterno.
O Vivente está acima de tempos e espaços.
Deus de Deus, Luz da Luz, ele faz agir,
no corpo sempre-virgem de Maria,
– milagre da onipotência divina! –
algo da glória que Jesus terá em si
quando ressuscitar glorioso.

Dia 3. A Virgem-Mãe Maria vive sua fé viva que incentiva a nossa vida de fé.

4. A grandeza de Maria se apoia em sua humildade "cheia da graça de Deus". (Lc 1,28).

5. Admiramos a simplicidade de Maria. E nela confiamos, porque sabemos que ela nos ajuda com o poder intercessor que seu Filho Jesus lhe concedeu.

6. Pelos méritos, querer e poder de Cristo Jesus, o Mediador único entre Deus e as criaturas, todos nós, e de modo especial a sua santa Mãe, participamos dessa Redenção mediadora, intercedendo uns pelos outros.

7. Calvino, um dos líderes da Reforma, insiste: Precisamos aprender de Maria a seguir e imitar Cristo Jesus.

8. Calvino segue a Tradição Apostólica, ao pregar que "a maternidade de Maria se reflete na maternidade da Igreja de Jesus".

9. Luteranos e calvinistas afirmam que, de acordo com o Novo Testamento, a Sempre-Virgem Maria é o modelo perfeito da Igreja de Jesus.

10. A maioria de nossos irmãos evangélicos concorda: Não existe Evangelho autêntico sem Jesus, sem o Espírito Santo, sem a Igreja e sem Maria.

11. Também a Igreja Anglicana é unânime em afirmar que Maria é a Mãe sempre-virgem "antes do parto, no parto e após o parto".

12. Maria merece ser chamada nossa Mãe, porque, vivendo e sofrendo com seu Filho, cooperou com a vida nova que a Redenção por ele realizada trouxe para todas as criaturas, inclusive para ela.

13. Sob a proteção materna de Maria, com ela nos unimos intimamente ao único Mediador e Salvador Jesus.

14. Na Virgem Maria, a Igreja de Jesus atingiu a perfeição.

15. Maria é a Mãe da Igreja de Jesus, por disposição expressa dele, que no alto do Calvário a ela confiou seus seguidores.

16. A devoção a Maria tem sentido e importância, porque nos leva a tornar conhecido e amado o seu Filho Jesus.

17. As aparições de Maria mostram a sintonia do Céu com a vida do povo.

18. O profundo teólogo Karl Rahner lamenta: "Muitos cristãos não falam de Maria, porque transformam a própria fé em ideias abstratas e vazias. E ideias assim não têm mãe".

19. A Virgem Maria, em suas manifestações, pede que os humildes propaguem a mensagem de Jesus. Mensagem que não se prende a ideias fixas de gente orgulhosa que se julga sábia.

20. Religião que se apoia só em raciocínios acaba perdendo a sensibilidade.

21. Debates teológicos podem e precisam "buscar as razões de nossa fé". Mas, é com a simplicidade do amor que a Virgem Maria nos ajuda a crer em Jesus. (1Pd 3,15).

22. Maria está sempre mergulhada em todas as classes de qualquer cultura. Ela é a Mensageira de Jesus para todas as pessoas e povos.

23. É interessante notar: A Europa branca venera mais de 500 imagens negras da Virgem Maria.

24. A Ecologia, que se ocupa com o meio-ambiente, se volta para Maria, a Mãe de Jesus, imagem viva da Mãe-Terra, fonte da vida.

25. Quem não se comove ao invocar a Mãe de Jesus, sabendo que ela é o modelo mais sublime, e tão próximo de nós, da infinita Ternura divina e humana do próprio Jesus por todas as criaturas?

26. Em geral, as mães só conhecem a justiça do amor. Pois bem, Jesus é o Deus-Amor infinito, que por amor se torna humano em sua Mãe Maria.

27. Com os Magos que adoram a Jesus nos braços de Maria, oferecemos a ele, não ouro, mas o que temos de melhor, que somos nós próprios.

28. Maria, a Mulher mais do que humana, se manifesta quase sempre nas "periferias existenciais", quer dizer, em ambientes humildes, entre pessoas oprimidas, grupos reprimidos, abandonados ou até perseguidos.

29. Magníficat! Este cântico de Maria não pede a exclusão de ninguém. Ao contrário, quer a inclusão dos pequenos. Que todos, humildes e poderosos, fracos e fortes, se ajudem, colocando-se lado a lado como irmãos e irmãs.

30. A Virgem Maria apareceu ao muçulmano Farouk em companhia de cristãos pobres do Cairo, no Egito. Afinal, somos todos irmãos do mesmo Jesus.

31. Deus não precisa justificar-se de nada diante de ninguém. Seus projetos eternos dependem unicamente dele próprio. No entanto, ele quis pedir a Maria o livre consentimento para ser Filho dela.

ABRIL

Primeiro mês da gravidez de Maria:
 O Coração de Maria em silêncio murmura:
 – Deus *te* abençoe, meu Filho.
 E você, me abençoe também.

Dia 1º. "PÁSCOA, A PORTA DO REINO"

Suave e forte, ressoa a voz onipotente
do Deus-Homem Cristo Jesus,
ao ressuscitar glorioso,
iluminando as trevas de sua morte insofrível:
– Ressuscitei. Aqui estou com todos vocês.
E a todos eu garanto:
Por mim se vai ao Pai de infinita Bondade.
Por mim se vai à infinda, eterna Verdade.
Por mim se vai ao Amor que não tem fim.
Venham todos e todas a mim.
"Eu sou o Caminho, a Verdade e a Vida". (Jo 14,6).
Não deixem morrer a esperança.
Pois a vitória em mim é certa para todos.

* * *

E o Filho transmite a todos nós
o Amor Seu e do Pai, com garantia de vitória final:
"Não tenham medo. Eu venci o mundo.
Ó morte, onde está o teu poder?
Eu serei o teu fim.
Ó inferno, onde está a tua força?
Eu serei a tua morte". (Jo 16,33; Os 13,14).

* * *

E a multidão incontável das criaturas,
agora repletas de confiança, suspiram:
Que importam as dores da espera,
se o final é tão feliz?

Dia 2. MARIA MEDIANEIRA SUPLICANTE

Mediador único, universal, Cristo Jesus.
Ele é Deus, e tudo ele pode e concede.
Humano também, ele vive a nossa vida,
para nos doar a sua.

* * *

Divino e tão Humano,
nos faz participantes de sua Mediação,
para o invocarmos em favor uns dos outros.
Se assim, a todos nós, a tanto ele nos eleva,
o que dizer de sua santa Mãe?
Ela nos conduz a ele.

* * *

Em Caná, a festa já lembrava
os esponsais de Deus com toda a humanidade.
"Então, Maria disse a Jesus:
– Eles não têm mais vinho.
E o Filho, talvez interrogando:
– Por acaso não é chegada a minha Hora?
Ela então a todos recomenda:
– Façam tudo o que Jesus disser". (Jo 2,3-5).

* * *

Agora, no altar da cruz,
momento culminante de sua sublime Mediação,
Jesus confia seus seguidores à sua santa Mãe:
"Mulher! Eis aí o seu filho".
  Com este, todos são seus filhos e filhas.
"Discípulo meu! Eis aí a sua Mãe".
Com ela, todos e todas
são seguidores e seguidoras minhas. (Jo 19,25-27).

Dia 3.
Maria, que nos deu o Filho de Deus,
agora tornado Filho dela também,
sem dúvida não cessa de pedir,
em favor de todos,
tudo o que Jesus para todos mereceu.

4. Maria é a Mulher plenamente humana. Ela é como que o rosto feminino do Criador.

5. Maria de Nazaré é figura histórica, que se tornou modelo de fé para todos os povos.

6. O rosto de Maria se reflete nas inumeráveis manifestações suas, sempre revestidas com a vida e cultura do lugar onde acontecem.

7. Jesus é a única Fonte da vida, tanto temporal como eterna. Pois ele quis receber de Maria a vida humana que ele mesmo nela preparou.

8. "A Graça e a Verdade" nos vêm sempre através de Jesus. É ele quem garante a mensagem do anjo: "Alegre-se, Maria, ó Cheia da minha graça". (Jo 1,16-17; Lc 1,28).

9. A fé não é resultado de simples esforço da inteligência. No entanto, pedindo explicações ao Anjo de Deus, Maria mostra que o crer e o entender sempre se atraem.

10. Na Encarnação de Deus, Maria tem voz ativa, enquanto crê na revelação e aceita livremente o mistério.

11. Maria é Irmã de todos os filhos e filhas de Deus. Torna-se Mãe de seus irmãos e irmãs, ao se tornar Mãe de Jesus.

12. "As mãos que embalam o berço podem abalar o mundo". O que dizer das mãos que embalaram o Criador do mundo?

13. Muçulmanos e cristãos se unem para a oração, no santuário de Nossa Senhora da África, em Argel.

14. Nossos primitivos pais e mães na fé garantem que Maria, sem dores, deu à luz o seu Filho primogênito em Belém. Mas no Calvário ela gerou, entre dores atrozes, seus filhos segundos, que todos nós somos por vontade expressa do Filho de Deus.

15. O evangelista Lucas afirma que reportou informações de testemunhas oculares. Nesse caso, Maria foi, sem dúvida, a mais segura "fonte jornalística", em particular sobre a infância de Jesus. (Lc 1,1-4).

16. As manifestações de Maria, embora não sejam provas de fé, ajudam os cristãos a viverem o Evangelho encarnado na vida real.

17. O pecado é apenas um acidente de percurso, que Jesus impediu que jamais atingisse sua santa Mãe.

18. Jesus e Maria sofreram como ninguém, e passaram pela morte, sem jamais sentirem a mínima sombra do pecado.

19. O povo simples pode não entender de fé. Mas, contemplando a ternura da Mãe de Jesus, sentem no coração a fé que a doutrina por si mesma não consegue comunicar.

20. A glorificação de Maria, com sua Assunção ao Céu, reforça em nós a esperança que a fé nos garante: Assim como Cristo ressuscitou a si mesmo e à sua santa Mãe, um dia nos ressuscitará a todos.

21. Os que têm fé em Jesus reconhecem que a Virgem Maria foi a primeira e mais perfeita seguidora dele.

22. O amor pela Igreja de Jesus se reflete no amor a Maria, e a imitação de Maria é a nossa prova de participação na vida da Igreja.

23. Logo que o anjo desaparece, Maria até parece esquecer as grandezas do Filho que ela acaba de conceber. Vai apressada para atender a Isabel, que pode estar precisando de ajuda.

24. Maria se proclama Serva, que de fato é. Sua missão sublime de Mãe de Deus a faz sentir e assumir, com maior empenho ainda, o serviço aos necessitados.

25. Em Caná, a Mãe de Jesus disse aos serventes da festa: "Façam tudo o que ele disser". Agora, no Tabor, o Pai do Céu insiste: "Escutem todos o meu Filho". Sintonia perfeita entre o Pai e a Mãe do Senhor Jesus. (Jo 2,5; Mt 17,5; Mc 9,7).

26. Na voz de Isabel, o Espírito Santo proclama que a Mãe de Jesus é "a Mulher que vive a fé". (Lc 1,45).

27. A Sagrada Escritura nos leva a Jesus. Ele é a Palavra divina que se tornou humana em Maria.

28. A concepção virginal de Jesus no seio de Maria é claramente afirmada pela Bíblia. Dessa verdade, os pais e mães da nossa fé deduzem três outras afirmações: Maria Mãe de Deus, sua Imaculada Conceição e sua Assunção corporal.

29. Maria não pediu sinais nem provas da mensagem do Anjo, que ela interiormente compreendeu ser palavra de Deus. Apenas perguntou como devia agir: permanecendo virgem ou vivendo plenamente o matrimônio com José. Ela sabia: Para Deus, nada é impossível.

30. Era desconhecido no Judaísmo o ideal da virgindade. É o que torna ainda mais especial a virgindade de Maria.

MAIO

Segundo mês da gravidez de Maria:
Ela já sente as leves palpitações do Filho que a faz "meditar no coração": Quem ele há de ser? Terá muito que sofrer? Sofrerei com ele. (Lc 2,19.51).

Dia 1º.
Rainha do Céu. Rainha da Terra.
Mãe do Criador. Mãe das criaturas.
Ela a todos reúne ao redor do seu Filho.
E ele nos garante no final de sua missão visível:
"Eu vou para o meu Pai e Pai de vocês.
Para o meu Deus e Deus de vocês". (Jo 20,17).

Dia 2. *Maria no Cenáculo.*
Junto ao Pai da eterna Luz,
com a mediação onipotente do Filho Jesus,
o Espírito Santo é o nosso eterno Intercessor.
Mas, se é o Espírito quem acolhe e atende
a toda e qualquer intercessão,
como pode ele mesmo interceder?
Despertando em nosso íntimo
a vontade de intercedermos uns pelos outros.
E se assim podemos todos nós interceder,
como não o poderá, com muito maior valia,
Aquela que, ao ser concebida, foi santificada
pelo seu futuro Filho Mediador?

* * *

Ó Maria, repleta da graça do Espírito de Deus,
ajudai-nos a formar comunidades em oração,
para recebermos, em vossa companhia,
o mesmo Espírito de Amor.

* * *

O Espírito, que Jesus recebe do Pai
e ao Pai transmite,
se derrame em nossa vida,
como água viva que vem da Fonte Jesus.

Então cantaremos, com o Filho de Maria, e com ela,
o cântico de louvor que os anjos entoam sem cessar:
Santo é o Pai. Santo é o Filho. Santo é o Espírito.
Santa é a Trindade onipotente.

Dia 3.

SALVE, RAINHA, "CHEIA DA GRAÇA". (Lc 1,28).

Rainha-Mãe, porque Mãe do Deus-Humano,
"revestida da luz do Sol" que ele é da Justiça.
Tendo aos pés o tão cambiante mundo sublunar,
Maria é por Jesus "coroada com as doze estrelas",
que são todos os povos de todos os tempos,
por ele conquistados no amor e na cruz,
para se realizar, ao longo dos séculos,
o Reino sacerdotal de irmãos e irmãs solidários,
com Jesus, "Rei dos reis e Senhor dos senhores".
(Ap 12,1; 17,14; 19,16).

* * *

Maria, reverenciada por anjos e humanos,
Serva humilde sempre atenta ao Filho,
medita, assimila, assume e imita,
na mente, no coração e na vida,
os pensamentos e sentimentos dele,
seguindo-lhe os passos até a extrema doação,
quando ele a faz Mãe também dos seguidores.

* * *

No Cenáculo, berço da comunidade missionária,
"em oração com Maria, Mãe de Jesus", (At 1,14),
discípulos e discípulas recebem o Espírito Santo.

* * *

Rainha dos Apóstolos e Mãe da Igreja,
sempre por mérito, poder e querer do seu Jesus,
ela reina agora a seu lado, Rainha-Mãe,
no Reino por Jesus entregue ao Pai,
para Ele com o Pai e o Espírito, Deus-Trindade,
ser "tudo em todos" para todo o sempre. (1Cor 15,28).

Dia 4. A virgindade da Mãe de Jesus é uma verdade clara na Sagrada Escritura e repetida na Tradição Apostólica. Portanto, verdade revelada pelo Espírito Santo de Jesus.

5. O Criador, com sua simples palavra, deu existência e vida ao universo. Com seu simples querer, criou a vida humana do seu Filho, retirando-a do óvulo de Maria, e assim Jesus é verdadeiramente Deus-Humano.

6. A pessoa de Maria, corpo e alma, exprime a mais límpida imagem do seu Filho Jesus.

7. A Igreja de Jesus tem seu modelo de fé inabalável: é a própria Mãe dele. Ela acredita com firmeza constante na ressurreição de Jesus. Tranquila e imaculada, Maria reanima a fé ainda titubeante das apóstolas e apóstolos.

8. As graças que Deus concedeu à Virgem Maria têm sempre em vista o Filho eterno, que dela assumiu a vida humana, para ser o Redentor de todas as criaturas, inclusive dela.

9. O Filho de Deus tem a nossa natureza humana, que ele mesmo formou do corpo de Maria.

10. Na sua Encarnação em Maria, o Filho de Deus assumiu realmente a vida humana. Em Maria, ele se tornou Humano de verdade, em corpo e alma.

11. Maria é Mãe de Deus, porque o seu Filho é o próprio Deus que dela assumiu vida realmente humana.

12. Maria é a Virgem-Mãe, porque nela a Pessoa do Filho não se une a uma Pessoa humana já concebida. Em Maria, o Filho eterno assume, em sua única Pessoa divina, a vida humana igual à nossa. Jesus é verdadeiramente Deus e verdadeiramente Humano.

13. Maria é a Mãe de Jesus Cristo total: da sua Pessoa que é divina e humana, e do seu Corpo místico ou espiritual, que é a sua Igreja.

14. Jesus proclama: "Quem segue a minha palavra é meu irmão, minha irmã e minha mãe". Lembramos aqui o inspirado apóstolo Paulo: "Por vocês, eu sinto como dores de parto, até que em vocês se forme Cristo Jesus". E quem, mais do que Maria, pode dizer-se Mãe de Jesus? Ela, pela fé, o concebeu na alma e no corpo. (Gl 4,19).

15. Maria tem o direito de suplicar a Jesus, não de lhe dar ordens, é claro. Porém, o pedido de sua santa Mãe, por ele mesmo nela inspirado, é uma "ordem materna", que ele faz questão de atender.

16. A Mãe de Jesus é a "onipotência suplicante": em força dos méritos, poder, querer e inspiração do seu Filho, ela alcança tudo o que lhe pede.

17. Jesus é o Deus-Humano, o único Mediador por natureza. Ele pede ao Pai em favor de todas as criaturas. Ao mesmo tempo, é ele quem concede tudo a todos, inclusive à sua santa Mãe. Porque ele é um só Deus com o Pai e o Espírito-Amor.

18. Jesus é o único Mediador, que faz a ponte entre Deus e as criaturas. Maria é a Mãe Intercessora, que suplica ao Filho, com a força materna que o próprio Jesus lhe concede.

19. Da distante Idade Média nos vem este verso popular: "No seio da Virgem-Mãe, encarnou--se a divina graça. Nela entrou e dela saiu, como o sol pela vidraça".

20. O teólogo protestante Karl Barth escreve que a Virgem Maria é "o grande sinal" de que Jesus provém do Céu. De fato, Maria aponta para Jesus, o Dom infinito que por sua própria bondade quis vir a nós através dela.

21. Maria é Mãe de Deus, porque Mãe de Jesus, que é Deus. Ela é a Sempre-Virgem, porque o seu Filho só podia ser "gerado" dela pelo poder do Espírito Santo de Deus. Afinal, só Deus pode gerar Deus.

22. Imaculada Conceição de Maria e sua Assunção em corpo e alma ao Céu. Não são criações ou invenções da Igreja. São apenas "descobertas" a partir da Palavra de Deus, deduzida da Bíblia e confirmada na Tradição dos Apóstolos, representantes do povo de Deus. Povo a quem o próprio Jesus garantiu: "O meu Espírito Santo fará vocês compreenderem tudo o que eu lhes tenho ensinado". (Jo 14,26).

23. Sobre a gloriosa Assunção, o Concílio garante: "Maria no céu em corpo e alma é sinal de esperança e conforto para o Povo de Deus em caminho".

24. O psicanalista protestante Jung afirma que a gloriosa Assunção de Maria é sinal vivo da união entre matéria e espírito, céu e terra, corpo e alma, masculino e feminino, alegria e comunicação.

25. Maria é Medianeira entre nós e Jesus. Ou melhor: Ela está lado a lado conosco. Ela, como Intercessora, nos fortalece na oração que juntos com ela dirigimos a ele.

26. Meditando o sagrado livro dos "Atos dos Apóstolos", sentimos que Maria pode e deve ser venerada como Mãe da Igreja e Rainha dos Apóstolos. Com eles e demais seguidores e seguidoras de Jesus, ela aguardou e recebeu o Espírito Santo, prometido pelo próprio Jesus.

27. A devoção a Maria há de ser tomada no sentido de dedicação total a Jesus, com todas as energias, como sempre viveu a Virgem sua Mãe.

28. Maria é o modelo especial para as mulheres que participam ativamente da missão de Jesus.

29. Teresinha de Lisieux insistia: "Eu preciso sentir a vida real da Virgem Mãe de Jesus, e não uma vida imaginária que ela não viveu".

30. A grandeza de Maria não diminui o exemplo dos Santos e Santas, como o sol faz desaparecer o brilho das estrelas. Ao contrário, Maria nos convida a seguirmos o exemplo deles e delas no seguimento de Jesus.

31. A devoção à Mãe de Jesus tem por base o Evangelho. Como finalidade, o próprio Jesus. Como expressão viva, a Oração. E como preocupação maior, a união e paz entre pessoas e nações.

JUNHO

Terceiro mês da gravidez de Maria:
A barriguinha santa já não esconde: Ela é Mãe.
– Não importa o que poderão pensar. O que ouvi em segredo, Deus há de manifestar a quem e quando ele mesmo quiser. Eu sou feliz.

Dia 1º. *Corpus Christi—Corpo de Deus.*
No pedacinho de pão. Nas gotas de vinho.
Pela palavra onipotente do Deus Filho,
ele em pessoa se torna, para quem quiser,
o Alimento de vida eterna.
Até "o Pão nosso de cada dia"
nos encaminha para Jesus, o Pão da Vida.
Vida que começa aqui e agora,
para durar com ele eternamente.

Dia 2. *Mês do Sagrado Coração de Jesus.*
Sois a Fonte da Vida, Coração de Jesus.
Sois a Ponte que nos encaminha
ao vosso Pai e nosso Pai,
ao vosso Deus e nosso Deus.
E vós, Coração de Maria,
tão unido ao Coração de Jesus, na dor e na alegria,
fazei-nos viver convosco no amor de Jesus.

3. A fé há de ter sempre a simplicidade das crianças, como exige o próprio Filho de Deus. Com a mesma ternura que sua santa Mãe sempre teve para com ele.

4. Padre Alberione, Fundador da Família Religiosa Paulina, costumava dizer: Foi Maria quem, através da fé, "editou", "deu à luz" o Filho de Deus. Era a primeira "edição" do Filho-Palavra do Pai, gerado de Maria pelo Espírito Santo. Portanto, Maria merece o título de primeira "Editora ou Comunicadora do Deus Encarnado".

5. Maria é a Virgem "ouvinte", que segue a voz do seu Filho Jesus. É a Virgem "orante", em diálogo constante com ele. É a Virgem "oferente", que apresenta seu Filho ao mundo, e com o mundo intercede diante dele.

6. Meditando em oração os mistérios do Filho de Deus, o Rosário é o resumo mais popular da Bíblia.

7. O Rosário repete as três fases do hino de Paulo na carta aos Filipenses: O "esvaziamento" do Filho de Deus ao encarnar-se no seio de Maria. A "elevação" de Jesus no altar da Cruz. Sua "exaltação" ao ressuscitar dos mortos. E hoje em dia, acrescentamos uma quarta fase: O "apostolado" de Jesus no anúncio do Reino de Deus. (Fl 2,5-11).

8. O que dizer das Imagens ou Pinturas sagradas de Jesus, de Maria e dos Santos? Que elas anunciam, em formas e cores, o que a Sagrada Escritura apresenta em palavras.

9. Aplicando a Maria o que diz o sagrado Livro do Eclesiástico, ela surge, na criação do universo, como "a primogênita de todas as criaturas", qual figura humana da Sabedoria eterna. (Eclo 24,5).

10. Maria cooperou com a missão do Salvador Jesus. Por isso, "tornou-se nossa Mãe na ordem da graça". Assim diz o Concílio Vaticano II, em Luz dos povos, capítulo 8º.

11. A Virgem-Mãe Maria, com sua fé e pelo poder do Espírito Santo, gerou Jesus, Cabeça da Igreja. Assim, Maria é modelo para o Corpo místico de Cristo, que é a mesma Igreja. Também a Igreja é Mãe-Virgem que, através da fé, gera para Deus novos filhos, com a graça do mesmo Espírito Santo.

12. A Igreja não se apoia nos Evangelhos apócrifos, que surgiram todos entre os séculos segundo e oitavo. Eles apresentam exageros a respeito de Jesus e Maria. Mas não deixam de ser valiosos documentos sobre a vida cristã nos primeiros tempos.

13. Como afirmam os Evangelhos autênticos, José não é o pai biológico de Jesus, mas assume a função de seu pai adotivo diante da Lei e protetor da Mãe de Jesus.

14. Em Nazaré, cidade pequena e pobre, a profissão de carpinteiro deve render bem pouco. Tanto é verdade que a Sagrada Família oferece ao Templo dois pombinhos, donativo simples de família sem recursos maiores e de mãos sempre abertas para quem precisasse de ajuda.

15. O Magníficat é o canto de Maria, a Mulher profetisa que anuncia uma nova humanidade.

16. Maria é a Profetisa da Esperança em meio às incontáveis incertezas. Não se assusta ante os pregoeiros de mau agouro que não sabem confiar em Deus.

17. Maria louva a Deus com alegria e gratidão, animada pela esperança de tempos melhores, frente ao momento histórico tão difícil do seu povo.

18. Maria é humilde, exatamente porque reconhece sua realidade. Sente-se pequena, e atribui unicamente a Deus os dons que recebe para partilhar.

19. O Filho Jesus ensina e mostra a misericórdia sem limites do Pai. E Maria é uma prova viva do que ela aprende do seu Filho.

20. Diante da penúria do povo, Jesus ensina a partilhar. E Maria, seguindo o Filho, canta as maravilhas que Deus realiza em meio à natureza e ao longo da história, entre pessoas, comunidades e povos.

21. Defender e promover os bens da Mãe-Natureza é cantar, com Maria, as maravilhas de Deus no planeta.

22. Mariama! Maria dos povos sofridos na escravidão. Mariama! Há de ser o nosso grito contra toda espécie de opressão.

23. Maria tem os olhos sempre abertos para a realidade. Ela segue o seu Filho, que nos ensina a observar "os sinais dos tempos", para aprendermos a confiar em Deus. (Mt 16,3).

24. Maria acompanha Jesus em família e na missão. Depois o acompanhará na comunidade dos seguidores. E agora, no Céu, os acompanha com sua intercessão, que se apoia totalmente na Mediação universal do seu Filho.

25. Nos Evangelhos de Mateus, Marcos e Lucas, Maria é discípula e seguidora de Jesus. No de João, ela convida a comunidade a fazer o que o mesmo Jesus ensina com a palavra e com a vida.

26. Em Caná, Maria anima a festa, pedindo a intervenção de Jesus. Ele começa então a manifestar a própria glória, não de poder ou fama, e sim de vida toda entregue ao bem do povo. E no Calvário, humilde como sempre, Maria recebe do seu Filho a mesma preocupação dele em favor da comunidade.

27. Os Evangelhos destacam a participação ativa e constante das mulheres, em particular de Maria, na vida missionária de Jesus.

28. Em Caná e no Calvário, Jesus apresenta Maria como o perfeito modelo da Mulher autêntica e sempre atual, além mesmo dos laços puramente familiares de Esposa e Mãe.

29. Maria acompanha Jesus nas alegrias de Caná e nas dores do Calvário.

30. Maria é sinceramente humilde, vivendo a vida de sua comunidade.

JULHO

Quarto mês da gravidez de Maria:
   Já no lar abençoado de Nazaré, a Mãe sempre-virgem recebe os cuidados do esposo José, agora tranquilo com a palavra do Céu. Ele também não imagina o mistério da Encarnação de Deus. Sabe apenas que sua esposa é a mulher fiel por excelência, a mãe espelho de todas as mães. Ela já sonhando viver sempre a caminhar lado a lado com o Filho.

Dia 1º.

O FILHO JESUS, ESPELHO DO PAI
O Pai, Inteligência infinita,
gera em si o Pensamento eterno.
É o seu Filho, Esplendor do Pai.

Eu te amo, diz eternamente o Filho.
Eu te amo, diz eternamente o Pai.
Nossa Vida é o nosso Espírito-Amor.

Amor que se expande.
Amor que se difunde.
Amor irradiante.

O Filho divino se faz humano
ao ser gerado pelo Espírito de Amor
no sagrado seio da mais querida das criaturas,
que assim se torna a Mãe do seu Criador.

Dia 2. A revelação de Deus atingiu o ponto conclusivo em Jesus. E ele prometeu e enviou o seu Espírito Santo, o qual vai esclarecendo a comunidade sobre o que Jesus ensinou. Por isso sabemos que é a partir do Cenáculo que a comunidade "permanece em oração juntamente com Maria", para acolher o Espírito de Jesus. (At 1,14).

3. Maria é modelo de oração e vida para cada seguidor ou seguidora do seu Filho Jesus e para a comunidade toda.

4. De perto ou de longe, Maria acompanha o seu Filho. E a história não para, quando ele aparentemente se afasta, a fim de nos enviar o Espírito Santo. Também ela nos segue ao longo da história, ajudando-nos a viver a vida de Jesus.

5. A Mãe-Terra é cantada pelos povos indígenas como a Doadora da vida. E com eles, nós louvamos a Mãe-Maria, que hoje nos convida a respeitar a Natureza-Mãe.

6. "Maria medita no coração" sobre a obediência do seu Filho, que mantém a própria independência, até diante dos sagrados laços familiares. (Lc 2,19.51).

7. No Templo, José e Maria questionam o Filho de doze anos, porém lhe respeitam o direito de ser ele mesmo e de agir na própria vocação.

8. Maria sabe ser mãe de verdade: acompanha, ensina, até questiona o Filho, mas não é possessiva: sente-se feliz em deixar que ele seja ele.

9. A concepção virginal de Jesus é novo ato criador de Deus, que pronuncia, no óvulo santo de Maria, a sua Palavra eterna, que é o seu Filho, agora Filho também de Maria.

10. Como diz a Igreja em oração, "a maternidade de Maria consagrou a sua integridade virginal".

11. Maria não compreende as atitudes todas de Jesus. Mas acredita plenamente nele.

12. O fato de Maria ser imaculada, repleta da graça, não impede que ela seja plenamente humana, com suas dúvidas e hesitações. Ela, porém, nunca vacila na fé.

13. O fundamento da Assunção corporal de Maria é a fé inabalável que ela sempre teve na Ressurreição de Jesus.

14. Os pais da nossa Fé – Justino, Irineu, Jerônimo, Agostinho, Cirilo, Crisóstomo, Damasceno – afirmam unânimes: "A primeira Eva, com o pecado, trouxe a morte. Maria, a segunda Eva, "repleta da graça", trouxe o Autor da vida".

15. Maria é personagem real e histórica. Eva, personagem um tanto simbólica. Mas essa diferença não impede a oposição que os pais e mães da nossa Fé apontam entre as duas. O próprio Jesus lembra Jonas como se fosse personagem histórica.

16. Maria é modelo para nossa caminhada na longa "peregrinação da fé".

17. Imaculada Conceição e Assunção de Maria são verdades de fé, que se apoiam no senso comum dos fiéis, de místicos, teólogos, pais e mães da nossa Fé e dirigentes do Povo de Deus. É o próprio Jesus quem garante a presença do seu Espírito Santo junto a este "senso comum" da sua comunidade.

18. As revelações particulares, em manifestações da Virgem Maria, não obrigam ninguém a crer, mas ajudam a refletir.

19. O Concílio nos lembra: "A Virgem Mãe Maria incentiva os cristãos a se unirem sempre mais intimamente a Jesus".

20. "A devoção autêntica nos move ao amor filial para com a Virgem Mãe de Jesus, a fim de imitarmos suas virtudes". Assim diz o Concílio.

21. Jesus Cristo é o centro da nossa fé. Maria é uma figura modelar, no sentido de que ela nos encaminha para Jesus.

22. O filósofo Miguel Unamuno afirma em seu Diário: "Passam os impérios, teorias, doutrinas, glórias, mundos inteiros, e permanecem a eterna Virgindade e a eterna Maternidade, o mistério da pureza e o mistério da fecundidade".

23. A piedade mariana cresce ao longo dos tempos, a partir da vida dos fiéis.

24. A devoção a Maria não é imposta por nenhuma autoridade. Nasce do povo, de maneira imediata e direta.

25. O Concílio afirma que o culto à Mãe de Jesus faz parte do "tesouro da fé cristã".

26. A piedade mariana é, acima de tudo, experiência de fé. Como atestam as Comunidades de Base, que fazem suas reflexões a partir da vivência, e não de ideias abstratas.

27. A figura de Maria atinge, não apenas as pessoas em particular, mas a comunidade e sociedade como tais.

28. Não é possível amar a Virgem Mãe de Jesus isolada do povo. A fé nos leva a ver Maria na Igreja, e a Igreja em Maria.

29. Dar a Maria o título de Libertadora nada mais é do que estender a todos os oprimidos o efeito da missão que ela recebeu de Deus para ser Mãe do Libertador.

30. Sempre sob a dependência do seu Filho, Maria é a imagem mais perfeita da liberdade, como se conclui do seu sim ao projeto de Deus.

31. Cresce dia a dia a consciência ecológica: a Terra-Mãe é "a Casa Comum" que Deus preparou para todos. E a Mãe-Maria é "a Casa onde o próprio Criador fez sua morada".

Terra, mar e ar, com as maravilhas que nos encantam, dão vida, saúde e alegria, sem dependerem do nosso querer. Merecem todo o nosso cuidado e carinho. A exemplo da Virgem Maria, que se tornou, com seu generoso sim, a Mãe do Criador de tanta maravilha. A Ele, Ela dedicou seu imenso amor. Em Maria, Jesus preparou seu berço, para armar sua tenda em nossa Terra, a "Casa Comum" tão benfazeja, a fim de viver, com sua santa Mãe e conosco, a nossa vida humana, por Ele divinizida.

AGOSTO

Quinto mês da gravidez de Maria:
 Já está a meio caminho a gestação de Deus
 na barriga santa da Mamãe Maria.
 – Não se apresse, meu Menino.
 O tempo que ainda lhe falta
 está preparando nosso coração.
 A espera ansiosa faz aumentar o amor.
 Em breve vamos vê-lo, abraçá-lo, beijá-lo
 com todo o nosso afeto tão pequeno.

Dia 1º. VIRGEM MÃE ASSUNTA AO CÉU

No término de sua vida terrena,
a Mãe de Deus, sempre Virgem Maria,
é elevada ao céu em corpo e alma,
pelo poder, mérito e querer do seu Filho.
Para ela, ele antecipou
o que reserva para todos nós:
a ressurreição gloriosa igual à dele.

* * *

Não poderia sofrer a corrupção da morte
o Corpo santo da Mulher bendita,
do qual o Espírito de Deus formou
o Corpo divino do Senhor da vida.

* * *

O Corpo de Cristo na Eucaristia
nos garante a ressurreição nossa um dia.

* * *

Por que Jesus esperaria para ressuscitar
o Corpo santo de Maria?
Ela, com sangue e leite e tanto amor,
o preparou para a Redenção de todas as criaturas.
Ela mesma, por ele antecipadamente redimida,
agora por ele elevada à glória dos céus.

* * *

Maria, em seu corpo glorificado,
como que antecipa a nossa glorificação.
Sempre pelo mérito, querer e poder
de Jesus, seu Filho "primogênito"
entre todos nós, filhos dela também.
Ela, a Rainha-Mãe do Céu e da Terra.

Dia 2. A santa Mãe de Jesus, ao passar pela morte, imitou o seu Filho, que logo a exaltou em corpo e alma ao Céu.

3. O Corpo santo de Maria, do qual se formou o Corpo divino de Jesus, só podia ser glorificado imediatamente após a morte.

4. Nossa oração diz com fé: "Assunção é a glorificação da alma imaculada de Maria e de seu corpo virginal".

5. A Assunção de Maria fortalece a nossa esperança: Havemos de estar com ela na companhia do seu Filho, nosso Irmão maior.

6. A gloriosa Assunção de Maria está intimamente ligada ao mistério de Jesus.

7. A Assunção não é privilégio apenas pessoal da Virgem Maria. Ela antecipa a ressurreição que espera por todos nós, sempre em força dos méritos, do querer e do poder de Jesus.

8. Elevando sua Mãe em corpo e alma ao céu, Jesus antecipadamente nos apresenta sua Igreja glorificada na perfeição final.

9. O último livro da Bíblia, o Apocalipse, mostra-nos a Mulher defendida por Deus contra as armadilhas do dragão da maldade. Aliás, o primeiro livro, o Gênesis, já anunciava a Mulher com seu Filho derrotando a serpente do pecado.

10. Maria manifesta sua plena liberdade ao dizer sim na Anunciação. Em Caná, ela é a Mulher previdente, que toma a iniciativa de pedir a Quem pode resolver qualquer situação embaraçosa. No Calvário, sofre com o Filho, e com ele não se abala diante do sofrimento extremo. Por fim, alegra-se com toda a comunidade no Cenáculo, ao receber o Espírito de Jesus ressuscitado.

11. A questão mariana é inseparável da questão social, porque a Igreja de Jesus, tal e qual sua santa Mãe, não vive fora da vida do povo.

12. Em força dos méritos, poder e querer de Jesus, sua santa Mãe foi tão valiosa para o povo do seu tempo, ao trazê-lo ao mundo, quanto é hoje com sua intercessão.

13. Podemos dizer que a Virgem Mãe de Jesus é autêntica Mulher sempre atual e moderna, porque plenamente responsável e ativa no cumprimento da profissão.

14. Maria não é Mulher passiva ou alienada, distante da realidade. Ela encanta com seu cântico de exultação, ao anunciar a sonhada igualdade entre pequenos e grandes.

15. Maria não desilude as aspirações profundas de nosso tempo. No Magníficat, ela anuncia que Deus vem trazer ao mundo o equilíbrio entre pequenos e grandes na justiça do Reino.

16. Maria é a imagem perfeita da Mulher livre e libertadora, porque ela segue o seu Filho, o Libertador universal, "que tira o pecado do mundo", o jugo de tanta escravidão que pesa por toda parte. (Jo 1,29).

17. O amor ou opção preferencial pelos pobres é exaltado por Maria no seu cântico de louvor. Aí ela como que prevê a fala de Jesus no início de sua vida missionária: "O Espírito me ungiu para anunciar a Boa Nova aos pobres". (Lc 4,18).

18. A Igreja como que prolonga no mundo os cuidados maternos de Maria, aplicando a cada época e lugar a vida redentora do Filho de Deus.

19. A Virgem Maria não é nada passiva ou tranquila diante das dores do mundo. Ao contrário, ela se mostra a Mulher forte que proclama o anseio de equilíbrio fraterno, que anula toda e qualquer opressão.

20. No seu desvelo pelo Filho Jesus, Maria se mostra o modelo a ser seguido e a Mulher santa a ser invocada.

21. "Sob a vossa proteção, ó Santa Mãe de Deus". É a mais antiga prece mariana, surgida no Egito em inícios do segundo século. Nela se sente o que a Igreja sempre reconheceu: Que a Mãe de Jesus se envolve em todas as preocupações humanas.

22. O Filho de Deus tornou-se Filho de Maria, ao assumir dela corpo e alma plenamente humanos. Em Maria, Deus "encarnou-se" em nossa realidade concreta e histórica.

23. Nossa Senhora da Glória nos leva a pensar no "destino feliz" de nossa alma e corpo. Tal como a Imaculada Conceição nos faz viver a "nova criatura" que Jesus quer realizada em cada pessoa.

24. A devoção do Rosário pretende ser uma oração de paz e união entre todos os povos. Já não pode nem deve haver nem a mínima lembrança de guerra e desunião.

25. Para o reformador protestante Zwínglio, a Virgem-Mãe Maria é modelo da autêntica diaconia ou serviço que a Igreja tem por missão prestar aos pobres e sofridos.

26. Costuma-se cantar a humildade como simples virtude moral. Ao invés, no seu cântico de gratidão e louvor, Maria exalta a "pequenez real" em meio a uma sociedade que adora a grandeza social.

27. Hoje, como da primeira vez, o Magníficat de Maria exalta a bondade do Senhor Deus, que transforma a opressão em fraternidade universal.

28. O Magníficat de Maria recebe hoje o merecido título de "Cântico dos Cânticos" do Novo Testamento.

29. Anunciando a igualdade universal, o Magníficat de Maria convida todos para a urgente e indispensável luta pacífica em favor da liberdade em qualquer sentido: da miséria material e espiritual, das opressões, exclusões e discriminações. Que todos sejam livres e libertadores.

30. Maria exclama: "Só Deus é o Santo". Ele está acima de tudo o que podemos imaginar. Ao mesmo tempo, ela reconhece que Deus olha do alto com carinho a nossa história tão pequena, a ponto de viver ele mesmo a nossa humilde vida humana. (Lc 1,49).

31. Não existe guerra justa, tamanhas são as injustiças que em qualquer guerra se cometem. A Virgem Maria é anunciadora da paz, que exclui todo tipo de morte violenta. Não é por nada que o anjo saúda a Mãe de Jesus com a expressão do Oriente Médio: Paz. Shalom. Shalã.

SETEMBRO

Sexto mês da gravidez de Maria:
O Menino já se agita na barriga da Mamãe Maria. Agitação de amor e alegria. Como para aumentar ainda mais o amor materno que feliz espera vê-lo na santa Natividade, à luz do sol ou das estrelas.

Dia 1º.
Maria, Aurora, Sinal e Berço do Sol da Vida, desde o início brilhava "cheia da graça" divina que de seu Filho para ela emanava. (Lc 1,28). Agora, dentro no seio imaculado de Maria, palpita o próprio Doador da Graça, ele mesmo o Dom infinito nela tornado Humano em favor de todos nós.

Dia 2. "Deus lembrou-se de sua misericórdia". Assim exclama a Virgem Mãe na visita a Isabel. Não se trata de simples recordação do passado. É claro o que Maria quer dizer: Deus age com sua misericórdia de sempre (Lc 1,54).

3. A Mãe de Jesus assume livremente a missão de comprometer-se com a liberdade para todos. Por isso, responde sim ao projeto libertador de Deus.

4. Declarando-se Serva do Senhor, Maria não se considera escrava. Ela quer livre e ativamente servir ao projeto de Deus.

5. O famoso Catecismo Holandês nos diz: "Maria é nossa Irmã no sofrimento com Jesus Cristo".

6. O apóstolo Paulo insiste: "Diante de Cristo Jesus, não existe homem ou mulher". Existe simplesmente a pessoa humana com direitos e deveres iguais. Cada uma com o seu ser próprio e real. Tal e qual Jesus e Maria. (Gl 3,28).

7. A Virgem Mãe de Jesus se apresenta, em cada tempo e lugar, com feições diferentes. Está sempre em harmonia com o momento histórico. Ela segue o seu Filho que diz: "Observem os sinais dos tempos". (Mt 16,3).

8. A proclamação de dogmas marianos surgiu sempre em meio a situações de forte oposição. A Maternidade divina de Maria, em meio à turbulência política e religiosa. A Imaculada Conceição, quando a falsa Modernidade se opunha tenaz contra a Igreja. A Assunção, em tempos de forte tendência racista e materialista.

9. A graça de ser "Mãe do Filho de Deus" exclui a possibilidade de haver para ele um "pai biológico".

10. Jesus é o Mediador único entre Deus e as criaturas. É nesse sentido que o documento dos bispos em Puebla afirma: "Sendo Mãe de Jesus, Maria é o ponto de união entre o céu e a terra".

11. Nos braços de Maria, o Menino Deus-Humano traz para todas as criaturas o abraço da Trindade.

12. Com Orígenes, um dos pais da nossa fé, também eu posso dizer: "Com sua encarnação em Maria, Jesus assumiu o meu ser humano".

13. A virgindade perpétua de Maria é sinal vivo da divindade de Jesus, porque nela ele assume a natureza humana pura e simples, e não uma pessoa humana. A Pessoa do Deus-Filho é a mesma e única Pessoa do Deus-Humano.

14. A Redenção operada por Jesus não foi "remendo novo em tecido velho". Foi uma nova criação. (Mt 9,16).

15. Para Deus, não existe problema sem solução. Tudo pode renovar-se. Até o pecado, por incrível que pareça, pode tornar-se motivo de vida nova. Absolutamente santo, Cristo assumiu a situação de pecado, para abolir o pecado. Na sua santa criatura Maria, ele se fez Humano, para divinizar os humanos todos. (2Cor 5,21; Gl 3,13).

16. Entre nós, Maria é o símbolo máximo do amor de Deus por suas criaturas. Tanto que ele próprio quis ser Filho dela, mediante o sopro do Espírito, que é o eterno Amor mútuo entre Deus Pai e Deus Filho.

17. A gloriosa Assunção de Maria nos faz crer e sentir que nosso corpo há de ressuscitar para a imortalidade e viver eternamente a vida mesma de nossa alma.

18. O apóstolo Paulo insiste: "Nosso corpo é templo do Deus vivo". E a Assunção corporal de Maria nos relembra que carregamos em nosso corpo a luz de Deus, à semelhança de Maria, que carregou o corpo divino em seu próprio corpo humano. (1Cor 6,19).

19. As expressões populares de fé podem parecer até ridículas para quem não crê. Mas, se não sou capaz de entender o profundo de minha própria alma, como poderia eu compreender, ou sequer imaginar, como é possível uma simples criatura tornar-se Mãe do Criador?

20. A religião popular está sempre fortemente encarnada em cada situação humana. Basta observar as numerosas e tão diferentes manifestações da Mãe de Jesus.

21. A sublimidade ou transcendência do Criador se torna transparência na pessoa de Jesus, que vem a nós através de Maria.

22. A Pachamama dos Andes, a Tonantsín mexicana, a Rainha das Águas afro-brasileira, a Grande Mãe dos povos indígenas, podemos considerá-las como representações de Maria, Mãe de Jesus, autêntica figura do Amor materno encarnado em cada realidade humana.

23. A devoção popular, como aliás a religião em si, pode e precisa tornar-se decidido grito pacífico dos oprimidos contra toda exploração. Exatamente o que ouvimos a Mãe de Jesus clamar no seu cântico de louvor.

24. A Mãe de Jesus proclama a bondade de Deus, que busca igualdade e fraternidade entre todas as criaturas.

25. Quem diz que a devoção não deve ter nenhum cunho político se esquece de um fato: Viver fora da política é uma forma de fazer política alienada. A santa Mãe de Jesus proclama o que ele irá dizer no começo de sua vida missionária: "O Espírito Santo está em mim. Ele me consagrou e enviou para anunciar a liberdade aos pobres". (Lc 4,18).

26. A Virgem Maria, "a Mulher que tem fé", diz alto e bom som: "Deus rebaixa os poderosos e eleva os pequenos". Para quê? Claro, para que haja fraternidade: nem opressores, nem oprimidos. Pois a fé está sempre em busca da justiça e fraternidade. (Lc 1,45.52).

27. A intercessão suplicante de Maria recebe seu valor dos merecimentos infinitos do seu Filho Jesus.

28. A Assunção de Maria nos faz pensar na unidade do ser humano: corpo e alma indivisíveis.

29. Sofrendo no coração as terríveis dores do seu Filho, Maria recebe dele a missão de ser Mãe de todos os discípulos.

30. No alto da cruz, o Mestre nos deixou o seu testamento, ao nos entregar como filhos e filhas de sua própria Mãe. Assim nascia a nova Família de Deus.

OUTUBRO

Sétimo mês da gravidez de Maria:
"Mais um pouco de tempo, e vocês me verão. E o coração de vocês se alegrará". (Jo 16,16). Assim diz, agora no seio de Maria, o Filho por ela e por nós tão esperado. A inquietação que a preocupa não são as dores do parto. É o futuro incerto do Filho, que nela agora se agita cada dia mais. Terá ele que sofrer? Só Deus o sabe. Mas a Mãe não se assusta. Sua grande preocupação é que ele cumpra a sua missão.

Dia 1º. *Terceiro Centenário de Aparecida.*

Após longa noite sem nada conseguir,
humildes pescadores, já desanimados,
pescam o corpo pequenino
da Imagem da Virgem Negrinha,
nas águas tranquilas do rio Paraíba.
Novo lance das redes, mais adiante,
oh maravilha! eis que vem a pequenina Cabeça
da Virgem Imaculada.
A seguir, a pesca milagrosa.

* * *

Anúncio singelo de novos tempos
para um povo desmembrado
entre cruéis senhores opressores
e escravos tremendamente oprimidos.

* * *

Era pedido do céu e esperança dos menores,
a tão suspirada liberdade,
que um século depois haveria de começar.
Sim, começar. Porque a liberdade é vagarosa.
Mas virá, e nunca será tardia.

* * *

Virgem Mãe Aparecida, Profeta da Libertação!
Peça ao seu Filho, o Libertador:
Que os escravos se libertem.
E libertos da escravidão,
agora juntos com os livres desde o berço,
hão de se tornar todos libertadores.

Dia 2. VIRGEM DE NAZARÉ

Multidões aclamam. Cada coração palpita.
Desde as águas amazônicas,
o Brasil confiante canta
a bondade da Virgem Mãe do Senhor Jesus.
E escuta atento o seu apelo materno:
"Façam tudo o que Jesus disser".
E por toda parte ressoa
o anúncio do Céu em Nazaré:

"AVE MARIA". (Lc 1,28.42).
É o próprio Deus quem a saúda, na voz do Anjo:
"Ave, Maria, Cheia de graça.
O Senhor é convosco".
O Espírito Santo exclama na voz de Isabel:
"Bendita sois vós entre as mulheres.
E bendito é o fruto do vosso ventre, Jesus".
E a comunidade de Jesus conclui suplicando:
"Santa Maria, Mãe de Deus,
rogai por nós pecadores.
Agora e na hora de nossa morte. Amém".

3. A Igreja compreende e valoriza sempre mais a sua própria existência e missão, ao reconhecer em Maria a Mãe de Deus e Mãe dos filhos e filhas de Deus, que somos todos e todas, sem distinção nenhuma.

4. A devoção sincera a Maria fortalece a fé em Jesus, e por isso colabora vivamente para a união entre todos os que afirmam crer no mesmo Jesus.

5. O cântico de Maria é verdadeiro anúncio das Bem-aventuranças, que Jesus irá proclamar no Sermão da Montanha.

6. A devoção autêntica à Virgem Mãe de Deus leva necessariamente a louvar e agradecer o Dom infinito de Deus a todas as criaturas: a Encarnação do Filho eterno Jesus.

7. Com sua virgindade, Maria se coloca inteiramente à disposição da Encarnação de Deus.

8. No cântico do Magníficat, Maria expande sua alegria com a certeza de que o Salvador vai chegar. Ela exulta com a fidelidade de Deus. Pois ele vem cumprir a grande Promessa de novos Céus e nova Terra, onde reinam a justiça e a paz.

9. A vida de Maria é um cântico vivo de louvor à misericórdia de Deus.

10. Com sua fé viva, Maria é uma expressão concreta da graça de Deus.

11. Maria vive a experiência de Deus, principalmente ao se colocar próxima dos pequenos e sofridos.

12. *"Aparecida" é símbolo da união e do amor entre todas as pessoas e nações, de todas as culturas. Maria é a Mãe de Jesus e Mãe de todos os povos. Em favor de cada irmão e irmã sua, ela faz o seu pedido materno ao seu Filho Primogênito: "Conceda-me, ó rei, a vida: eis o meu desejo. Salve o meu povo: eis o meu pedido". (Est 7,3).*

13. Sem dúvida, Maria terá meditado, na intimidade do lar, as profecias que anunciavam a chegada do Messias. Agora, diante das palavras do Anjo, ela se assusta, porque jamais teria pensado em ser a Mãe do "Desejado de todas as nações", como diz o profeta Ageu. (Ag 2,7; na tradução Vulgata).

14. Maria dedica todo o seu amor e carinho ao Filho que nela vai se formando.

15. Em Maria e através de Maria, o próprio Deus se doa totalmente a todas as criaturas.

16. Maria corresponde ao chamado de Deus. Com seu sim cheio de fé, ela mesma se torna expressão viva da Graça.

17. "Como acontecerá isso? De que maneira devo agir?" A interrogação da Virgem nos ensina e move a buscar esclarecimento sobre a vontade de Deus, para agirmos com plena liberdade. (Lc 1,34).

18. Só Jesus, o Filho Unigênito de Deus, tem o direito absoluto de chamá-lo de Pai. Pois ele escolhe Maria como sua Mãe, e assim, através dela, ele se torna nosso Irmão Primogênito. Com Jesus e Maria, cada um de nós pode então dizer: "Abá! Meu Pai do Céu". (Gl 4,6).

19. Maria tem certeza: As profecias irão realizar-se a seu tempo. Mas nem imagina que Deus escolheu exatamente a ela para ser a Mãe do Realizador. Ela nem de longe se orgulha de nada, porque sabe e sente que tudo é graça, é dom, é bondade do Criador.

20. Na Encarnação, a partir do seio de Maria, o poder infinito de Deus vai realizar a nova criação, aliás tão grandiosa quanto a primeira criação que Deus concretiza a partir do nada.

21. Com sua resposta positiva ao anúncio do anjo, Maria se coloca a serviço do projeto salvador de Deus em favor de todas as criaturas.

22. Deus renova em Isabel a fertilidade. É um milagre, aliás muito compreensível. Em Maria, o que acontece é bem mais que milagre, é mistério insondável: Deus se torna Humano.

23. Declarando-se Serva de Deus, Maria recebe a missão de colaborar ativamente na missão do Messias, que nos convida a sermos servos uns dos outros.

24. No sexto mês de vida no seio de Isabel, o Precursor João entra em diálogo silencioso com Jesus, que vai a ele através de Maria.

25. O Espírito Santo é o Dom, a Doação plena que o próprio Jesus faz de si, através de Maria, a toda a humanidade por ele mesmo redimida.

26. Toda bênção provém de Deus. É em nome dele que a Virgem Maria leva a Isabel a bendita presença do Filho de Deus, agora tornado Humano em Maria.

27. Com sua fé, a Virgem Maria se torna uma página viva do Evangelho completo, que é o Filho Unigênito de Deus, nela agora encarnado como nosso Irmão Primogênito.

28. Contra toda aparência contrária, Abraão acreditou que Deus cumpriria suas promessas em favor de um povo ainda por nascer. Maria tem fé bem maior, colocando-se livremente a serviço do insondável mistério de Deus para com todos os povos em todos os tempos.

29. Maria vive, sente e anuncia, com seu sim totalmente livre, esta confortadora realidade: "Só temos um Nome que nos traz a salvação: Jesus". (At 4,10-12).

30. Em seus inícios, a Igreja foi dando forma literária ao Magníficat, à medida que ia compreendendo os sentimentos, a vida e a missão da Mãe de Jesus. Por fim, o autor do Evangelho coloca nos lábios de Maria o que ela realmente sentiu ao ouvir e louvar a palavra de Deus na voz do anjo e na exclamação de Isabel.

31. O Coração de Maria transborda de alegria e gratidão, ao cantar seu temor filial, diante da fidelidade e misericórdia de Deus, que vem cumprir a promessa de salvação para todas as criaturas.

NOVEMBRO

Oitavo mês da gravidez de Maria:
　Faltam dois meses apenas. Logo veremos entre nós Aquele que patriarcas e profetas anunciaram há séculos: "Que se abra a Mãe-Terra, e brote o Salvador. Que as Nuvens chovam o Justo"... Ei-lo que vem do Alto. Mas, ele já está aqui entre nós. Queremos ver Jesus. (Is 45,8).

Dia 1º. "VENHA, SENHOR JESUS!" (Ap 22,20)

Maria está para nos apresentar o seu Menino,
o Deus-conosco Jesus, o Salvador.
Céus e terras o aguardam.
Ele é o Rei da Paz, que nos diz: "Eu Sou...
Aquele que era.
Aquele que é.
Aquele que virá".
E todos a uma voz clamamos a toda hora:
"Venha, Senhor Jesus!" (Ap 1,8; 22,20; Ex 3,14).

Dia 2.

Com Jesus e sua santa Mãe Maria,
nossos irmãos e irmãs oram no Céu por nós.
E nós, aqui na Terra, oramos por eles e elas,
enquanto continuamos a construir o Reino de Deus,
que um dia se revelará a todas as criaturas
no final dos tempos.

Dia 3. "Deus é a salvação". Exatamente o que Maria expressou ao dar ao seu Filho o nome Jesus, a ela revelado por Deus. (Mt 1,21).

4. Ao se colocar a serviço do Povo, a Igreja está seguindo o exemplo de Maria, que trouxe ao mundo "Aquele que veio para servir, e não para ser servido". (Mt 20,28; Mc 10,45).

5. A verdadeira devoção a Maria necessariamente nos leva ao louvor e gratidão a Deus.

6. A humildade da Mãe de Jesus é autêntica força de atração, que comove e ajuda a converter-se os que ainda se acham mergulhados no orgulho e ambição.

7. Todo coração simples e humilde se encanta com o seu modelo, a Mãe Maria, que sempre buscou viver em Deus, mais do que receber os dons e graças dele.

8. Como expressão mais viva de sua liberdade, Maria responde sim à vontade de Deus.

9. Na Aliança de Deus com o povo de Israel é que a Mãe de Jesus se inspira quando responde sim a essa Aliança. Agora, o mesmo Deus a estende a todos os povos, enviando ao mundo o seu Filho Jesus, através de Maria.

10. Contra o individualismo tão exclusivista, cada dia mais arraigado na sociedade, a Virgem Maria é exemplo de generosidade, ao apresentar ao mundo o seu Filho Jesus, o Dom de Deus para as criaturas todas.

11. A Mãe de Jesus, no seu gesto simples de se apressar, a fim de prestar serviço a Isabel, é sinal vivo da bondade e misericórdia de Deus.

12. Ao preocupar-se com Isabel, que poderia estar precisando de ajuda, a Mãe de Jesus torna-se modelo para a Igreja, que existe, acima de tudo, para atender aos necessitados.

13. Mãe da Misericórdia. É o título que melhor exprime o Coração da Mãe de Jesus. Só não o reconhece quem se apega ao rigor da lei e não à Fonte da Misericórdia, que é Jesus, o Filho de Deus tornado Filho de Maria.

14. Mensageiros da paz e da reconciliação. Tais hão de ser sempre os verdadeiros seguidores de Jesus, seus irmãos e irmãs, devotados filhos e filhas de sua santa Mãe Maria.

15. Os sentimentos de Maria estão como que resumidos no seu cântico, o Magníficat, que a comunidade cristã, desde os inicios, canta em louvor e gratidão a Deus.

16. Devoção mariana que se fecha em sentimentos puramente pessoais, sem se preocupar com as dores do mundo, não corresponde ao Coração de Maria, sempre voltado para Deus e para todas as criaturas, suas irmãs e irmãos.

17. O Filho de Deus tornou-se Filho de Maria, "para servir, e não para ser servido", como ele mesmo disse. E sua santa Mãe não o reteve só para si. Ao contrário, o abençoou toda feliz, quando ele a deixou para sair em missão. (Mt 20,28; Mc 10,45).

18. Maria é modelo para a nossa fé, porque jamais vacilou ao ver seu Filho incompreendido, e ao segui-lo, principalmente quando ele sofria a ingratidão geral no altar do Calvário.

19. Quem não lembra com carinho a Família modelo de Jesus, Maria e José, tão sublime, tão simples de coração?

20. A Bíblia nos apresenta a verdadeira imagem de Maria. Ela, a Mãe de Jesus, de acordo com a Palavra de Deus, é o modelo de fé e gratidão, ao cantar as maravilhas do Deus sumamente misericordioso e amigo dos sofredores.

21. A fidelidade de Deus se revela na misericórdia exaltada por Maria como realização dos tão sonhados tempos messiânicos da Redenção.

22. Maria é a Mulher Cheia da graça de Deus. Assim a saúda o Anjo Gabriel. E ela se declara humilde Serva a serviço de todos, pois acolhe na alma e no corpo o Filho eterno, que nela se torna Servo de todos os servos.

23. Com seu cântico de louvor, a Mãe de Jesus nos faz sentir que doação sincera ao próximo e gratidão a Deus são sentimentos inseparáveis.

24. O Antigo Testamento se apresenta sempre Novo. Basta ouvi-lo no cântico da Mãe de Jesus, onde ela exulta com a realização das promessas de Deus ao patriarca Abraão.

25. A Antiga Aliança de Deus com a humanidade é sempre Nova, porque Eterna. Maria a relembra no seu cântico de louvor, que a Igreja de Jesus repete desde seus inícios.

26. A Mãe de Jesus nos faz compreender o autêntico sentido da Missa ou Eucaristia: a nossa gratidão ao Filho eterno que, tornado Filho de Maria, agora se faz também alimento da nossa fé e garantia da nossa futura ressurreição.

27. A Mãe de Jesus reacende, no coração dos cristãos, o autêntico valor da Antiga sempre Nova Aliança de Deus.

28. José por direito legal, e Maria por direito natural, recebem de Deus a incumbência de darem ao recém-nascido o nome de Jesus, que significa Salvador.

29. Passam os tempos. Mudam os costumes e culturas. Só Deus permanece eternamente imutável. É em resumo o que diz o cântico de Maria: Deus é fiel à sua Aliança.

30. O Unigênito do Pai se torna Primogênito de Maria. E por vontade dele, expressa no altar do Calvário, nós nos tornamos filhos e filhas de Maria, porque irmãos e irmãs dele, e com ele e ela filhos e filhas de Deus.

DEZEMBRO

Nono mês da gravidez de Maria:
Na ansiosa espera, Maria segue, com seu esposo José, o caminho para Belém. Sem família que acolha o casal sofrido, os Três encontram refúgio na gruta. Na ternura materna dos braços de Maria, o Menino Jesus abre seus próprios braços, com sua ternura infinita para com todas as criaturas.

Dia 1º. – Natal do Senhor Jesus.
A festa em 25 de dezembro surgiu nos inícios do Cristianismo. Aos poucos fez esquecer o culto pagão ao "deus Sol invencível".

Após nove meses de alegre gestação,
nasce na gruta de Belém o Menino Deus.
Céus e terra cantam juntos:
– "Glória a Deus no mais alto dos céus!
 Paz na terra a todos os filhos seus.
 Porque a todos Deus quer bem!" (Lc 2,14)

* * *

O céu todo estrelado. A noite tão fria.
A natureza inteira canta ao Criador,
agora Criança no colo santo de Maria:
"Louvado sejas, meu Senhor, pelo sol e pela lua,
 pelo firmamento e pela nossa Mãe-Terra,
 pela luz do dia e estrelas da noite,
 por todos os seres que criaste..."
Porque são todos muito bons.
 (Francisco de Assis: Cântico das criaturas).

* * *

Espontânea liturgia iniciada no seio de Maria,
o Filho Jesus nos une às multidões celestes,
para cantarmos todos juntos
a exultação da eternidade sem início nem fim:
– "Santo! Santo! Santo!
É o Senhor Deus dos universos!"(Is 6,3; Ap 4,8)

Dia 2. MARIA, MÃE E MODELO DA IGREJA

"Uma espada transpassará sua alma",
disse a Maria o inspirado Simeão,
anunciando o futuro sofrido que por ela esperava.
"Para que se revelem os pensamentos de toda gente.
Porque este seu Menino será o sinal da contradição"
entre os seguidores dele e opositores. (Lc 2,34-35).

* * *

Humilde, santa, simples criatura...
Maria, Rosto materno do Divino Pai Eterno.
Maria, Face feminina de Deus Filho Humano.
Maria, Feição humana do Divino Espírito.

* * *

"Nada separa o Amor que Deus uniu". (Mc 10,9).
Muito menos na Redenção do universo.
O Homem-Deus derrama seu Sangue
e o quer orvalhado com as lágrimas de sua Mãe.
É ele quem a mantém "indissoluvelmente unida
ao seu próprio mistério e obra salvadora".
  (Concílio Vaticano II, Lumen gentium, 8º).

* * *

A ela, Discípula primeira de Jesus,
ele a faz Mãe e Modelo da Comunidade humana.
A ela, Berço do Libertador,
ele a faz Profetisa da Libertação.
Assim, de Jesus nasce a nova Humanidade
dos filhos e filhas de Deus,
mais incontáveis que as estrelas do céu.
  Maria! Virgem Mãe do Filho de Deus,
  Mãe e Modelo da Comunidade do seu Filho.

Dia 3.

MARIA, MODELO DE TODAS AS IDADES
Criança simples e angélica.
Adolescente de cândido olhar.
Jovem prestativa animadora.
Noiva fiel e dedicada.
Esposa digna de respeito e amor.
Mãe educadora, toda carinho e ternura.
Viúva exemplar e confiante.
Cabelos prateados e brandos
a espelharem a paz de todas as idades.
Agradece de coração o passado.
Vive forte e firme o presente.
Pressente esperançosa o futuro.

* * *

Reza ao Céu em favor de todos.
Apressa-se para atender a quem precisa.
"Medita no coração"
as palavras e exemplos do Filho Jesus. (Lc 2,19.51).

* * *

Sua virgindade é tão digna e humilde
quanto sua maternidade.
Busca sempre e só o que Deus lhe pede:
amor total ao Pai de bondade,
amando de coração a todo semelhante.
Até à perfeição que seu Filho propõe:
– Amai-vos uns aos outros,
na medida sem medidas
com que eu amo a todos por igual. (Jo 13,34).

* * *

E quando, "no tempo estabelecido",
é convidada a ser Mãe do Salvador,
prontamente se afirma "Serva do Senhor".
(Gl 4,4; Lc 1,38).

* * *

Então, o mistério insondável da Trindade,
Pai-Filho-Espírito, mergulha em nossa história,
através da maternidade de Maria,
toda consagrada ao "Emanuel Deus-conosco",
o seu Filho Jesus, Fonte do Amor sem fim. (Mt 1,23).

Dia 4.

União com Deus. União entre todos.
Como disse o Senhor Jesus:
"Sejam todos um. Como Eu e o Pai somos Um"
em nosso Espírito de eterno Amor. (Jo 17,21).
E Jesus, no mistério da Encarnação,
tornou-se um só com todos nós,
acolhendo a fé inabalável de sua santa Mãe,
que o acolheu no próprio seio como Filho.

5. Tudo o que somos e temos é dom de Deus, inclusive a imensa dignidade de participarmos ativamente, com Maria, da Redenção de Jesus, em favor uns dos outros.

6. No Calvário, Jesus nos convida a sermos discípulos seus, e assim nos move a sermos filhos e filhas de sua santa Mãe, a fim de pertencermos todos à nova Família de Deus.

7. É o próprio Jesus quem nos concede a graça de tomarmos parte ativa na sua paixão e morte redentora. É pelos merecimentos de Jesus que sua santa Mãe, mais do que ninguém, tomou parte ativa na Redenção, por ele realizada em favor de todas as criaturas, inclusive dela.

Dia 8. – "EU SOU A IMACULADA CONCEIÇÃO"

Garantindo a vitória da Mulher bendita
que pisa a serpente da maldade,
a voz do Criador corre os tempos:
– "Eis que estabeleço oposição total
  da Mulher com seu Filho
  contra a tentação do mal". (Gn 3,15).

* * *

É a Mulher Maria, concebida imaculada,
"plasmada pelo Espírito Santo",
Aurora santa, "revestida com a luz do Sol"
do mesmo Filho Jesus, Redentor seu.
"Cheia da graça" que de Jesus emana,
"imagem e semelhança" perfeita
do Filho Divino que nela se torna Humano.
   (Concílio, LG 8º; Ap 12,1; Lc 1,28; Gn 1,27).

9. Ao dizer sim ao projeto de Deus, revelado pelo anjo Gabriel, e que ia realizar-se em Jesus, Maria se declara servidora da Aliança de Deus.

10. Jesus é quem realiza o plano divino da salvação universal. E Maria se declara humilde servidora desse eterno plano de amor.

11. A Igreja de Jesus, a exemplo de Maria, há de sempre louvar e agradecer a Aliança de Deus com a humanidade.

12. À VIRGEM DE GUADALUPE

Quiseste ser invocada como a "Senhora Mãezinha".
Virgem de Tonantsín, Mãe Morena das Américas!
Peça as bênçãos do seu Filho Jesus
para nossos povos.
Faça que eles relembrem sua mensagem materna:
"Eu sou a Mãe do Deus verdadeiro.
É por ele que tudo vive.
Ele é o Criador das pessoas,
o Senhor do céu e da terra".

13. A Virgem de Guadalupe se revela, levando na cintura a faixa de índia grávida em oração, de acordo com a cultura e simplicidade do seu povo.

14. Em qualquer situação pessoal, social, cultural, política ou religiosa, Jesus está sempre de braços abertos nos braços de sua santa Mãe Maria, para acolher quem procura sentir e espalhar a paz. Como ele mesmo dirá: "Felizes os que promovem a paz". (Mt 5,9).

15. O incenso representa a oração, que é o sinal de adoração devida unicamente a Deus. E nós o oferecemos a Jesus, com os mesmos sentimentos de Maria.

16. Expulsos, refugiados, oprimidos, qualquer que seja a situação em que se encontrem, todos vejam e busquem, com a Sagrada Família fugitiva de Jesus, Maria e José, a realização de dias melhores.

17. A fuga do Menino Jesus com Maria e José, frente à fúria dos perseguidores, é um sinal a mais do plano salvador de Deus.

18. A certeza de que vai encontrar o Filho adolescente, que ficou no Templo, não diminui em Maria a dor da separação de três dias. Mais tarde, igual tempo de espera pela ressurreição não irá abalar a fé que ela mantém viva na promessa do Filho Crucificado, então frio na sepultura.

19. Quantas vezes terá a Virgem Mãe Maria repetido, em oração com José e Jesus, o salmo 31: "Em tuas mãos, Pai, entrego a minha vida". E ela, agora, no alto do Calvário, ouve o Filho dizer a mesma prece, minutos antes de inclinar a cabeça e de fato entregar a vida, cumprindo até o fim a missão recebida do Pai.

20. Sabemos que Maria era imaculada desde o início da vida. Mas tal santidade não a liberava das noites escuras da fé.

21. Claro que Jesus e Maria nunca precisaram de conversão. Porque nele e nela jamais existiu nem sequer a mais leve sombra de pecado.

22. Em Caná, a Mãe de Jesus presta serviço humilde, para que não perca brilho a festa dos noivos. Ao mesmo tempo, sem o saber, ela cumpre a essência de sua missão profética, ao dirigir este convite aos servidores: "Façam tudo o que Jesus disser". (Jo 2,5).

23. Na mesma festa de casamento em Caná, Maria é modelo de oração simples, que sem explicações tem certeza de ser ouvida pelo Filho: "Eles não têm mais vinho". Ela entende que a negativa aparente de Jesus quer dizer sim. (Jo 2,3).

24. Mulher. Título da maior importância para a Escritura Sagrada, principalmente em quatro momentos históricos: Quando Deus diz no paraíso terrestre: "Estabelecerei oposição total entre ti, serpente da maldade, e a *Mulher* abençoada que com o Filho há de te derrotar". (Gn 3,15). – Na festa de Caná, Jesus diz a Maria: *"Mulher, a minha Hora, será que ainda não chegou?"* (Jo 2,4). – No alto da cruz, ele repete para ela: *"Mulher*, eis aí o seu filho", porque ele é meu discípulo. (Jo 19,26). – E a Escritura conclui com a visão sublime da nova Jerusalém: "A *Mulher* envolvida na luz do sol, com a lua sob os pés e uma coroa de doze estrelas na cabeça". (Ap 12,1). Quem não haverá de amar Maria, a quem Deus tanto ama?

25. NATAL. *O Menino Jesus, na ternura materna dos braços de Maria, abre seus próprios braços, com sua ternura infinita para com todas as criaturas.*

"O Deus único cresce dentro do seio da Virgem.
Aquele que tudo contém e no qual tudo existe,
segue a lei do nascimento humano.
Aquele a cuja voz tremem os anjos,
céu e terra e elementos todos se dissolvem,
é ouvido no chorinho da Criança.
Aquele que é o Invisível, o Incompreensível,
que não pode ser alcançado pelos sentidos,
cabe no pequenino berço.
A Virgem dá à luz.
O Menininho choraminga.
Os anjos ouvem louvando.
As roupas ficam sujas, e Deus é adorado.
A grandeza do poder não se perde
quando assume a fraqueza da carne".
(Hilário de Poitiers. A Trindade. II, 25-26).

26. Maria cuidava de Jesus com todo o seu carinho materno, e sem dúvida sentia-se feliz a seu lado. No entanto, nem lhe ocorria a mínima ideia de interferir na missão dele. E quando ele apontou como chegada a hora da despedida, terá dito simplesmente: Vá com Deus, meu Filho. Sua missão espera por você.

27. O amor de Jesus por sua Mãe e por José é sem dúvida modelo para todos e todas nós na realização do mandamento: "Honrar pai e mãe". (Ex 20,12).

28. O amor sem limites de Jesus por sua Mãe é a medida sem medidas do seu amor por todos nós.

29. A senhora simples gritou para Jesus em meio à multidão: "Bendita é aquela Mulher que te deu à luz e te amamentou". Ele respondeu: "Mais bendito ainda é aquele e aquela que ouve e pratica a minha palavra". Jesus foi claro: Sim. Ela é bendita por ser minha Mãe. Porém, mais abençoada ainda porque ouve e pratica o que eu tenho ensinado. (Lc 11,27-28).

30. Na cidadezinha de Trindade, próxima a Goiânia, o santuário do Divino Pai Eterno apresenta a Virgem Maria, ajoelhada em adoração, ao ser coroada pela Santíssima Trindade. Vemos assim a Rainha-Mãe recebendo o que o inspirado apóstolo Paulo dizia de si mesmo: "Guardei a fé. Agora me aguarda a coroa que o Senhor Jesus me dará". Se a ele e a todos nós espera a coroa da felicidade eterna, o que dizer da Virgem "repleta de fé e da graça"? O próprio Deus a proclama Rainha de todas as criaturas. (2Tm 4,7-8; Lc 1,28.45).

31. A Mulher gloriosa, na visão do Apocalipse, refere-se diretamente à Igreja, comunidade de Jesus, a qual aplica a mesma visão à Virgem Maria, que é o modelo da Igreja como tal. E a Igreja sem cessar repete com Maria: "Venha, Senhor Jesus!" (Ap 22,20).

Ave Maria!
Anúncio da Encarnação de Deus

Ave Maria, Cheia de Graça.
Mãe dos aflitos e sofredores.
O Deus da ternura, do amor,
desde o início de vossa vida, Maria,
vos preencheu com o carinho
de sua graça santificadora.

O Senhor é convosco.
Ele derrama em vosso ser
o seu Santo Espírito Criador.

Bendita sois vós entre as mulheres.
Elas todas são fontes da vida humana,
e o Altíssimo fez de vós
o berço da vida também divina.
Sois Mulher, sois Mãe, Vida, Amor sem igual.

E bendito é o fruto do vosso ventre, Jesus.
Mistério inefável da Encarnação.
O Deus imortal realiza em vós
o que a mente criada jamais conceberia:
o Pai, com a força do seu Espírito,
que é o Espírito do seu Filho,
faz o mesmo Filho ser vosso Filho também.
Em vós, Maria, criatura humilde,
a nossa humilde humanidade
toma parte na infinita Divindade.

Santa Maria, Mãe de Deus!
exclamam os anjos no céu.
E com eles repetimos nós aqui na terra.
A mais humilde das filhas do povo
se torna Mãe do seu próprio Criador.

Rogai por nós pecadores.
Sentimos o peso da nossa maldade,
que nos aflige e nos faz sofrer.
Ajudai-nos a ressurgir de nossa fraqueza.

Agora e na hora de nossa morte.
Em cada momento de alegria ou tristeza,
de ternura e saudade, de amargura ou solidão,
fazei-nos sentir o vosso amor de Mãe.
E quando o medo de deixar tudo
– parentes, amigos, bens e alegrias –
quando tudo começar a escurecer-se,
brilhai, ó Mãe de Deus e Nossa Mãe,
iluminai o nosso ser com a luz do vosso amor.
E convosco, *Maria de Jesus,*
com a multidão incontável dos redimidos
pelo vosso e nosso *Jesus de Maria,*
cantaremos o nosso interminável louvor
à Trindade onipotente:
Pai, Filho, Espírito Santo.

Amém.